FÜR MEINE OMI
(die die allerbesten Schokoladenplätzchen der Welt macht)

Joëlle Tourlonias

FÜR JULIA. IN LIEBE.

1. Auflage 2016
© Annette Betz in der Ueberreuter Verlag GmbH, Berlin 2016
ISBN 978-3-219-11673-1

Covertypographie, Umschlag- und Innenillustrationen: Joëlle Tourlonias
Druck und Bindung: G. G. Buchbinderei, Hollabrunn

www.annettebetz.de

Michael Engler   Joëlle Tourlonias

Elefantastische Reise
Unterwegs nach Indien

annette betz

Ui! Was für ein lustiger Vormittag. Anton und Luise haben
eine Räuberhöhle in Luises Zimmer gebaut.
Von dort haben sie lange den Wolken beim Wachsen zugesehen.
Doch jetzt liegt ein langer, langer Nachmittag vor ihnen.
Und sie wissen nicht, was sie noch spielen können.
Sie fragen Timbo, ob ihm ein lustiges Spiel einfällt.
Aber der stöhnt nur kurz auf. »Ach«, seufzt er.
Und noch einmal: »Ach.«

»Was ist denn los mit dir?«, fragen Anton und Luise.
»Mein Cousin Jamal hat heute Geburtstag und ich kann nicht
bei seiner Party dabei sein«, schnieft Timbo.
»Das ist schade«, sagt Luise und nimmt ihn in den Arm.
»Dabei sind seine Partys immer ganz besonders lustig. Das habe ich
schon viele Male erlebt«, sagt Timbo.

»Aber warum kannst du nicht dabei sein?«, fragt Anton.
»Jamal lebt sehr weit weg«, erklärt Timbo. »Er wohnt in Indien!«
Indien ist wirklich weit weg. Das liegt, wenn man genau hinguckt,
fast auf der anderen Seite der Erde.
»Erzähl uns von Indien! Erzähl uns alles, was du weißt«,
bitten Anton und Luise.

Timbo schließt seine Augen, damit er sich besser konzentrieren kann.
Dann erzählt er von goldenen Tempeln und Palästen, die sogar größer sind
als Elefanten.
Er berichtet von Bergen, die bis in den Himmel reichen und von den
Elefanten, die dort hinaufklettern, um auf den Wolken spazieren zu gehen.
Er schwärmt von den Picknicks, die Elefanten sonntags an endlosen
Stränden veranstalten, und von bunt geschmückten Elefanten, auf denen
lachende Kinder reiten.

Am Ende senkt er seine Stimme und erzählt vom indischen Gott Ganesha,
der aussieht wie ein Elefant.
»In Indien sind Elefanten nämlich etwas ganz Besonderes«, sagt Timbo
abschließend.
Anton und Luise wissen nicht, ob sie das wirklich glauben sollen.
»Doch, doch«, nickt Timbo und sagt wichtig: »Elefanten sind dort sozusagen
elefantastisch besonders.«
»Oh, das müssen wir unbedingt selber sehen!«, ruft Anton.
»Am besten gleich heute!«, entscheidet Luise.
Das findet Timbo auch.

»Dazu brauchen wir aber etwas, womit man
fliegen, fahren und schwimmen kann«, überlegt Anton.
»Und einen Zug«, fügt Timbo hinzu.
»Wir brauchen also ein Fli-Fa-Schwimm-Töff-Töff!«, sagt Luise.
Da trifft es sich ausgezeichnet, dass genau so ein
Fli-Fa-Schwimm-Töff-Töff mitten im Flur steht.
»Wir brauchen auch eine Landkarte, ein Fernrohr und einen
Kompass«, sagt Anton, der sich mit so etwas auskennt.
»Und ein Geschenk!«, fällt Timbo ein.
Luise überlegt, dass Elefanten gerne Schokoladenkekse und
Limonade mögen. Das ist sicher ein vorzügliches
Geburtstagsgeschenk.
Timbo weiß, dass die Reise nach Indien
sehr lange dauert und man unterwegs
bestimmt Hunger und Durst bekommen
wird. Deshalb packen sie vorsichtshalber
eine riesenelefantastische Extraportion
Schokoladenkekse und Limonade ein.

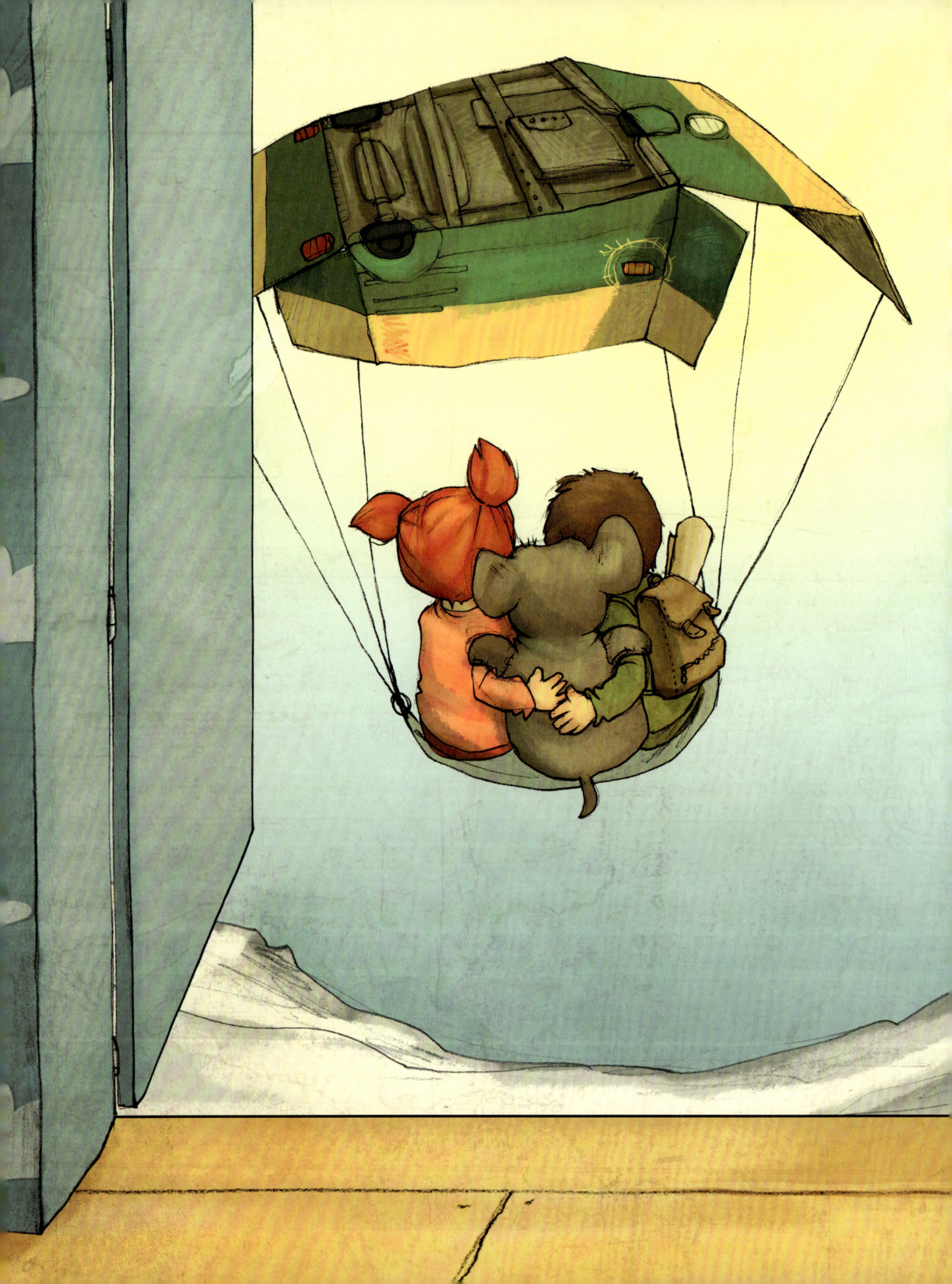

Schon fliegen sie durch enge Bergschluchten,
unter schnee- und eisbedeckten Gipfeln entlang.
Das rumpelt und wackelt und rauscht.
Oh, wie aufregend das ist!

Sie fahren mit dem Zug durch uralte Städte
mit bunten Häusern und Palästen aus Gold.
Das tuckert und ruckelt und rattert.
Oh, wie wunderschön das ist!

Sie rasen löcherige Straßen am Meer hinab,
vorbei an Palmen, an Wellen und goldgelbem Strand.
Das schaukelt und rappelt und knirscht.
Oh, wie lustig das ist!

Sie paddeln auf einem dunklen Dschungelfluss,
unter Lianen und Bäumen, durch feuchtheiße Luft.
Das plätschert und blubbert und planscht.
Oh, wie elefantastisch das ist!

Dort am Ufer wartet auch schon Jamal. Timbo freut sich riesig,
ihn endlich wiederzusehen. Und Jamal freut sich ganz besonders über
die Schokoladenkekse und die Limonade.
»Der ist aber klein«, sagt Luise und zeigt auf Jamal.
»Das macht nichts, dafür kann ich schneller durch den Dschungel
laufen«, antwortet er.
»Wir müssen nämlich tief in den Urwald gehen«, erklärt Timbo.
Anton und Luise verstehen nicht, wieso sie jetzt noch tief in den
Urwald gehen sollen.
Jamal erklärt es ihnen: »Bei einem richtigen Elefantengeburtstag
wird ordentlich gebadet. Und der beste See liegt mitten im Dschungel.«
Eine Badeparty! Das ist genau, was Anton und Luise sich für heute
gewünscht haben.

Der See ist traumhaft. Das Wasser ist klar und frisch.
Rundherum stehen dicht an dicht riesige Bäume, aus denen
Affen kreischen, Tiger schnurren und Vögel zwitschern.
Mit Anlauf springen die vier ins Wasser.
Dann geht der Badespaß erst richtig los: Timbo bespritzt Jamal,
der Anton nass macht, der Luise vollplanscht, die wiederum Timbo unter
Wasser setzt.
Zur Feier des Tages zeigen Timbo und Jamal einen echten Elefantentrick
und sprühen mit ihren Rüsseln einen Regenbogen in die Luft.
Das ist so lustig und erfrischend, so aufregend elefantastisch!

Die vier lachen und kreischen und prusten.
Schon bald hören sie die Geräusche des Dschungels nicht mehr.
Schon bald vergessen sie, wo sie sind.

Doch plötzlich hören sie eine bekannte Stimme.

»Wieso ist das Badezimmer so nass?«, fragt Mama.

Das wissen Anton, Luise und Timbo auch nicht so genau.

»Wir waren die ganze Zeit in Indien«, erklärt Anton.

»Timbos Cousin Jamal hat nämlich heute Geburtstag«, fügt Luise hinzu.

»Was ihr euch immer ausdenkt«, sagt Mama und schüttelt den Kopf.

Dann drückt sie Anton und Luise Lappen in die Hände.

»Wenn ihr gemeinsam aufwischt, seid ihr viel schneller fertig«, sagt sie.

Anton, Luise und Timbo liegen auf Antons Bett. Wehmütig denken sie
an die Badeparty und ihren neuen Freund Jamal zurück. Sie fragen sich,
wann sie jemals wieder einen so lustigen Geburtstag feiern können.
Denn Indien ist weit, weit weg und das Fli-Fa-Schwimm-Töff-Töff schon
lange wieder oben in Luises Wohnung.
Es klopft und Mama kommt ins Zimmer. In ihrer Hand hält sie einen Brief.
»Ihr habt Eilpost von einem Jamal aus Indien bekommen«,
sagt Mama erstaunt.
»Was steht drin? Lies schnell vor!«, rufen die drei.
Mama öffnet den Brief und liest:

Vielen Dank für euren Besuch.
Es war wirklich schön mit euch.
Ich hoffe, dass wir uns bald wiedersehen.
Vielleicht wenn einer von euch Geburtstag
hat. Dann machen wir eine lustige
Badeparty bei euch, mit viel Badeschaum
und indischen Schokoladenkeksen.

Elefantastische Grüße,

euer Jamal